CZERNY

20 PREPARATORY STUDIES
TO "STUDIES OF MECHANISM,   OP. 849"

체르니   20개의 쉬운 연습곡

[30번 연습곡]을 시작하기 전에

Edited by Toshiko Narita

편저   나리타 토시코

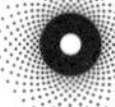

서울음악출판사

Carl Czerny, Portät von Lanzedelly, nach einer Lithographie im Archiv der Gesellschaft der Musikfreunde, Wien
카를 체르니(Carl Czerny)
Lanzedelly 리토그래피. 빈 악우협회 소장.

카를 체르니에 대해서

피아노 교사이자 작곡가, 피아니스트인 카를 체르니는 1791년 2월 21일 오스트리아 빈에서 태어나 1857년 7월 15일에 오스트리아 빈에서 타계했습니다.

9세부터 12세에 걸쳐 루트비히 판 베토벤에게 음악을 배우고, 위대한 바흐의 차남 카를 필리프 에마누엘 바흐의 <올바른 클라비어 주법>을 바탕으로 레가토 주법을 익혔습니다. 오페라 <피델리오>의 피아노 악보 작성을 맡으면서는 편곡과 관현악법의 기초를 익혔습니다. 그 후 요한 네포무크 훔멜, 클레멘티를 사사하여 피아노 주법과 교육법에 대한 많은 것을 배웠습니다.

인간적으로는 매우 온화했으며 농담으로도 욕을 못할 정도로 품성이 좋고 내성적인 성격이어서 일찍부터 피아니스트보다는 작곡과 피아노 교육 분야에 전념했습니다. 체르니의 문하생으로는 프란츠 리스트가 대표적이며 그밖에도 수많은 뛰어난 피아니스트를 배출했습니다. 후에 리스트가 <초절기교 연습곡집>을 헌정할 정도로 피아노 교육가로서 명성이 높았습니다.

체르니는 1,000개가 넘을 정도의 많은 작품을 남겼습니다. 그 중에는 <24개의 미사곡>, <4개의 레퀴엠(진혼곡)>을 비롯해 교향곡, 서곡, 협주곡, 실내악곡, 합창곡 등도 포함되어 있습니다. 다른 작곡가의 오페라, 오라토리오, 서곡 등의 피아노 편곡에도 뛰어났습니다. 특히 작품수에서 압도적인 것은 피아노 연습곡으로 초보자부터 전문 피아니스트까지 폭넓은 대상을 위해 작품을 만들었기 때문입니다. 그 중에서도 체르니의 연주양식과 기법이 집약된 <완전한 이론적, 실전적 피아노 교본> 전 3권에는 연습곡으로 대표적인 <40번 연습곡(Op. 299)>, <왼손을 위한 연습곡(Op. 399)>이 포함되어있습니다. 또한 여기에는 12살 소녀에게 편지를 통해서 레슨을 하는 상황을 가정하고 쓴 <어린 딸을 위한 편지>라는 피아노 지도서가 포함되어있습니다.

체르니가 쓴 수많은 연습곡집 대부분은 현재 각 작품번호별로 아래의 연습곡집이 젠온악보출판사(도쿄, 일본)에서 출판되어있습니다.

<30번 연습곡(Op. 849)>, <40번 연습곡(Op. 299)>, <50번 연습곡(Op. 740)>, <60번 연습곡(Op. 365)>, <100번 연습곡(Op. 139)>, <110번 연습곡(Op. 453)>, <24번 연습곡(Op. 636)>, <작은 손을 위한 25개의 연습곡(Op. 748)>, <8마디 연습곡(Op. 821)>, <입문자를 위한 연습곡(Op. 599)>, <매일 연습곡(Op. 337)>, <24개의 왼손 연습곡(Op. 718)>, <125개의 패시지 연습곡(Op. 261)>, <24개의 5음 연습곡(Op. 777)>, <리틀 피아니스트(Op. 823)>, <소나티네 앨범(Op. 163 & Op. 49)>, <50개의 연탄 연습곡(Op. 481)>, <초보자를 위한 레크리에이션(Op. 없음)>, <어린이를 위한 연습곡(Op. 없음)>.

이 연습곡집들은 피아노를 배우는 사람에게 귀중한 유산이라 할 수 있겠습니다.

이 연습곡집에 대해서

체르니 <20개의 쉬운 연습곡>은 피아노 입문단계를 마친 후, 체르니 <30번 연습곡>으로 들어가기 위한 연습곡집입니다.

입문 단계인 <바이어>를 마치고 바로 다음 단계인 체르니 <30번 연습곡>으로 들어가기에는 특히 어린이들에게 어려움이 있습니다. 이런 상황에서 병용할 수 있는 곡집은 다양하게 있지만, <30번 연습곡>에 들어가기 전까지의 에튀드를 모은 체르니의 연습곡집은 지금까지 적절한 것이 없었습니다.

많은 선생님들은 체르니 <100번 연습곡>, <110번 연습곡>, <리틀 피아니스트>를 선택하지만, 이러한 연습곡집은 곡수가 많고 때로는 난이도가 높아 시간이 많이 걸리고 비효율적이며 아이도 선생님도 도중에 어려워하는 경우가 많습니다.

그렇다고 해서 그 수많은 연습곡집 중에서 발췌해서 가르치려고 하면 그 단계에 어울리는 에튀드가 무엇인지, 어떤 순서로 가르치면 좋을지에 대한 문제에 부딪히게 됩니다. 체르니 <30번 연습곡>에 들어가기 전 단계에서는 너무 어려운 테크닉을 사용한 에튀드를 배울 필요가 전혀 없습니다.

피아노 입문 단계를 마칠 때에 가장 중요한 것은 체르니 <30번 연습곡>으로 원활하게 넘어갈 수 있는 테크닉을 익히는 것이라고 생각합니다. <20개의 쉬운 연습곡>은 이러한 목적을 위해 집필이 되었습니다.

이 연습곡집은 체르니의 700개에 달하는 방대한 에튀드 중에서 이 단계에서 반드시 필요하다고 생각되는 에튀드를 신중하게 고른 것입니다. 그리고 이러한 핵심적인 20곡을 쉬운 곡부터 차례대로 진행할 수 있도록 배열해 놓았습니다. 따라서 이 연습곡집을 마친 후에는 <30번 연습곡>으로 무리 없이 넘어갈 수 있을 것입니다.

<20개의 쉬운 연습곡>은 체르니 에튀드 중에서도 테크닉과 음악성을 동시에 발전시킬 수 있도록 배려되었습니다.

이 연습곡집이 피아노를 배우는 많은 어린이들로부터 사랑받기를 바랍니다.

나리타 토시코

INHALT

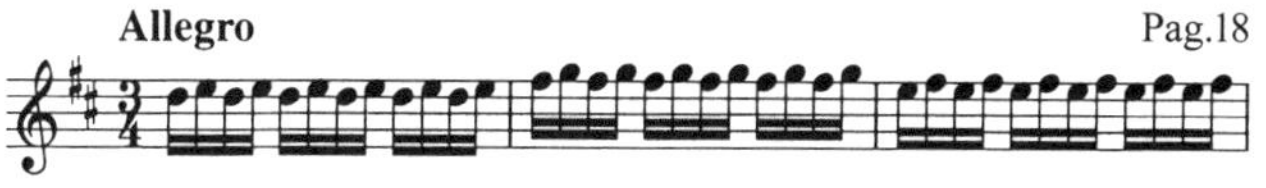

20 Preparatory Studies
to "Studies of Mechanism, Op.849"

20개의 쉬운 연습곡
<30번 연습곡>을 시작하기 전에

Allegretto

C. Czerny, Op. 261 − No. 1 · 2

● C = 4/4박자　♫♫ (16분음)의 세기와 길이, 음량이 고르도록 매끄럽게 연주한다. 처음에는 천천히 연습한다.

Allegretto

2.

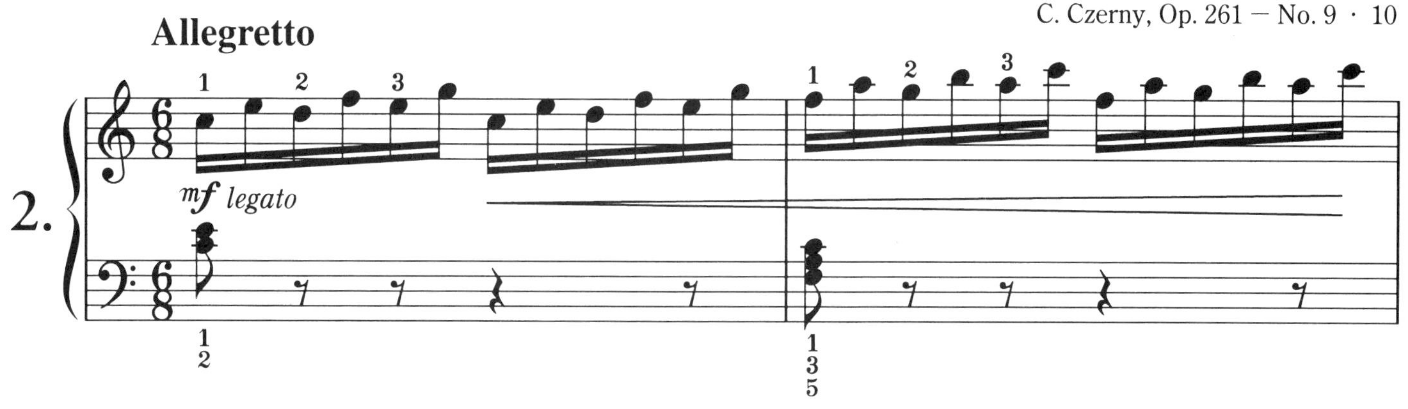

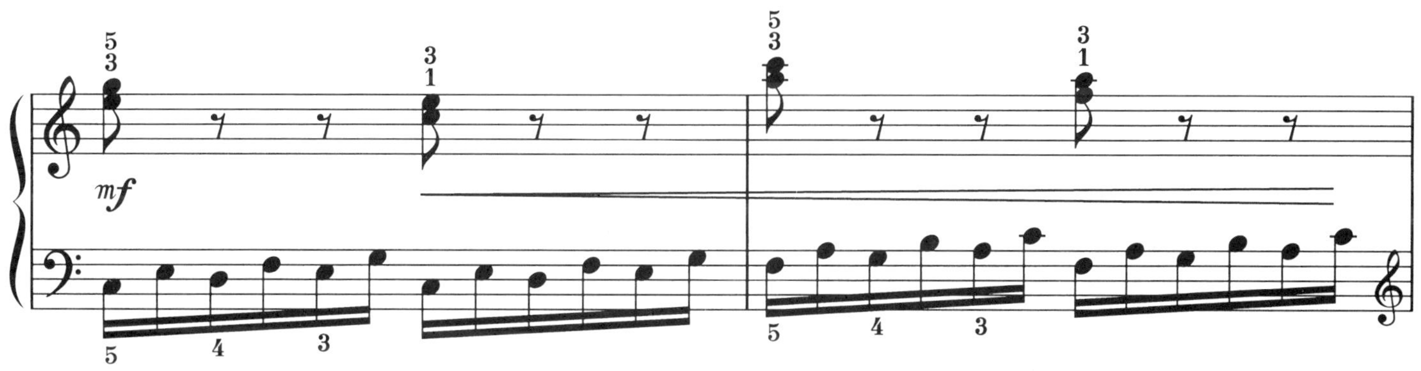

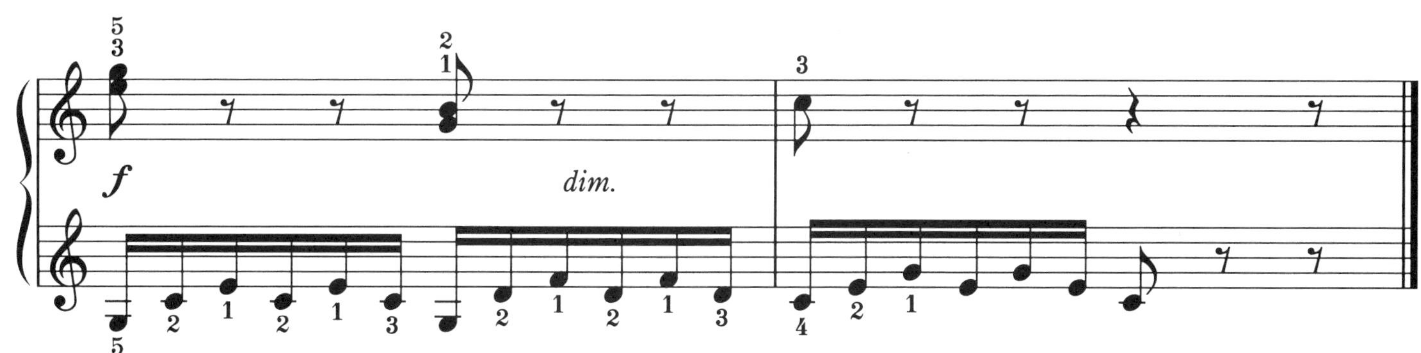

● 고른 음량으로 매끄럽게 *cresc.* 오른손, 왼손 모두 끝나는 부분에서는 *dim.*

Allegretto

● 오른손, 왼손 모두 처음 2마디에 억양을 준다. 화음은 논레가토로 연주한다.

Allegretto

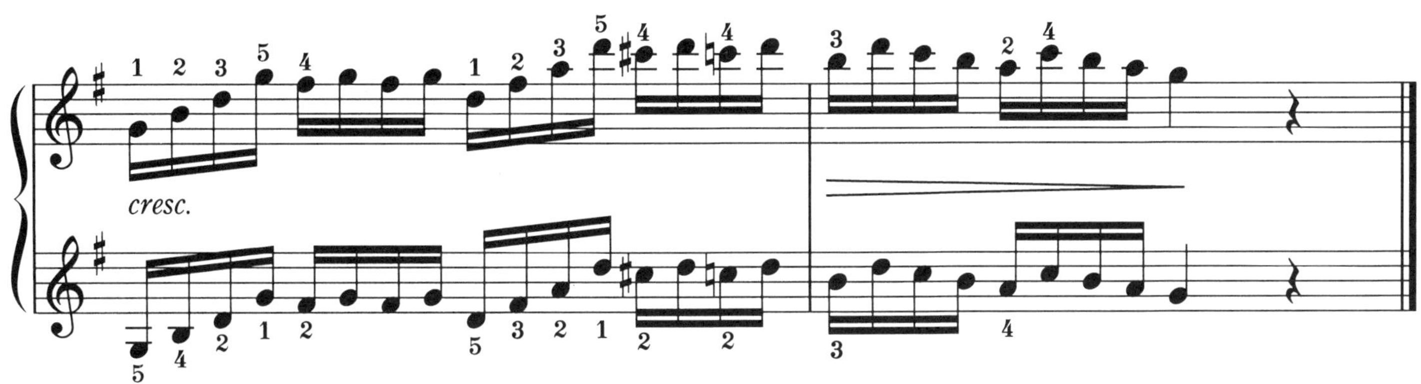

[원보]

● 원보는 $\frac{2}{4}$ 박자, 32분음이다. 지금의 단계에서는 16분음으로 양손의 움직임을 잘 맞추어 천천히 연습해보자.

● 강약을 주어 음악적으로 연주한다.

*) 음계를 매끄럽게 연주하면서 오른손의 2번 손가락은 가볍게 터치한다.

6. Moderato

C. Czerny, Op. 599 − No. 15

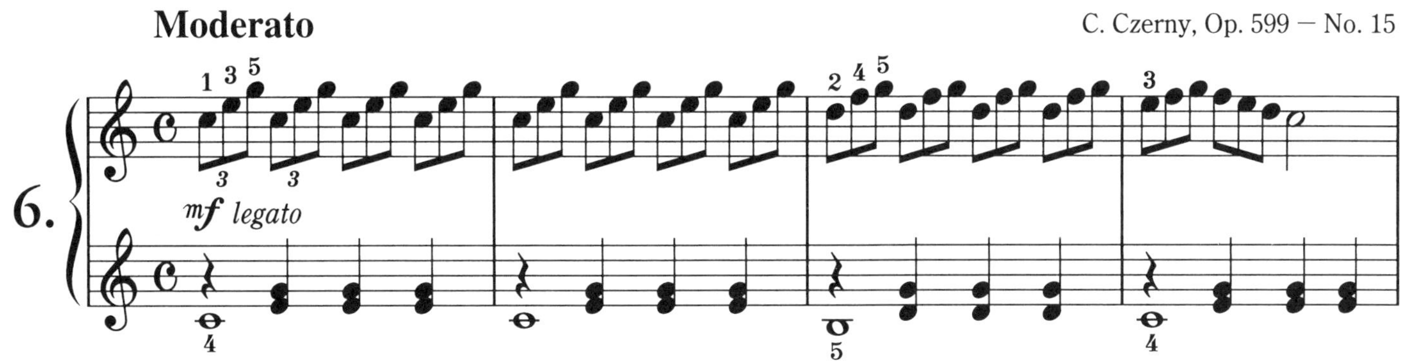

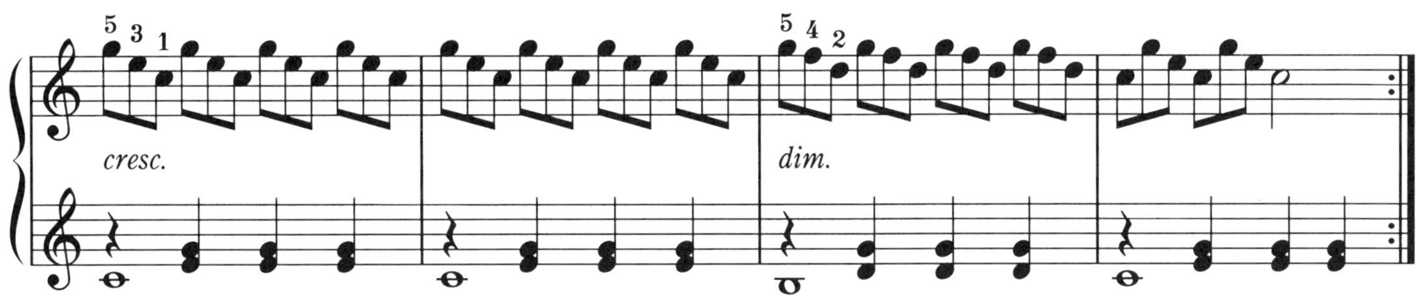

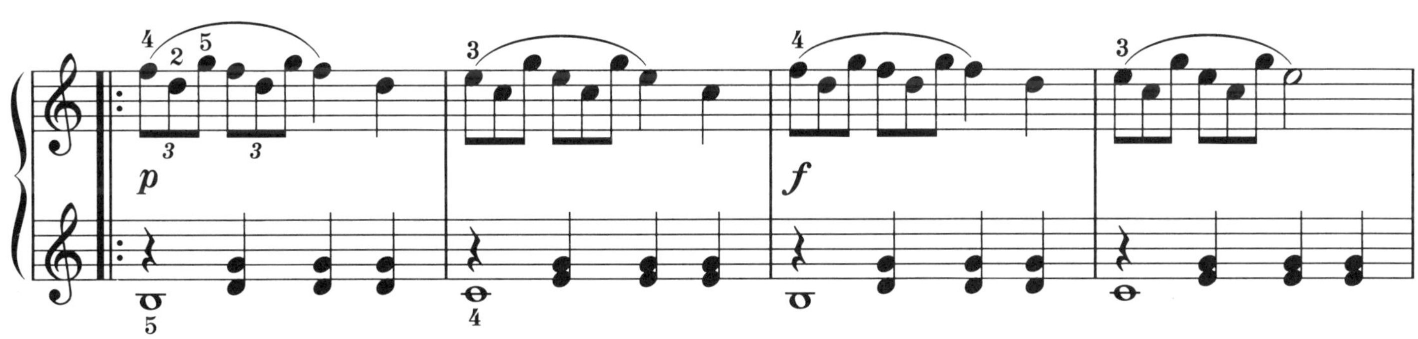

● 1박에 3음을 연주하는 ♪♪♪ 셋잇단음 리듬을 잘 표현하자.

Allegretto

7.

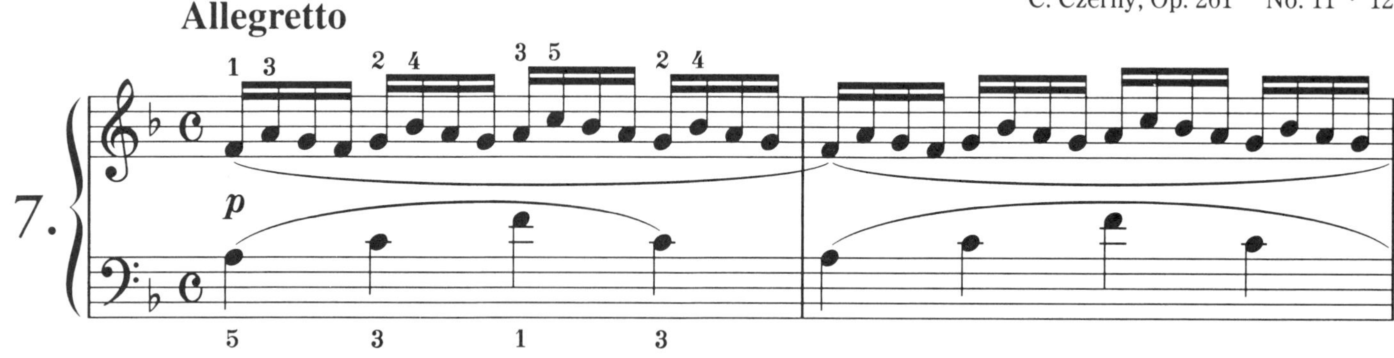

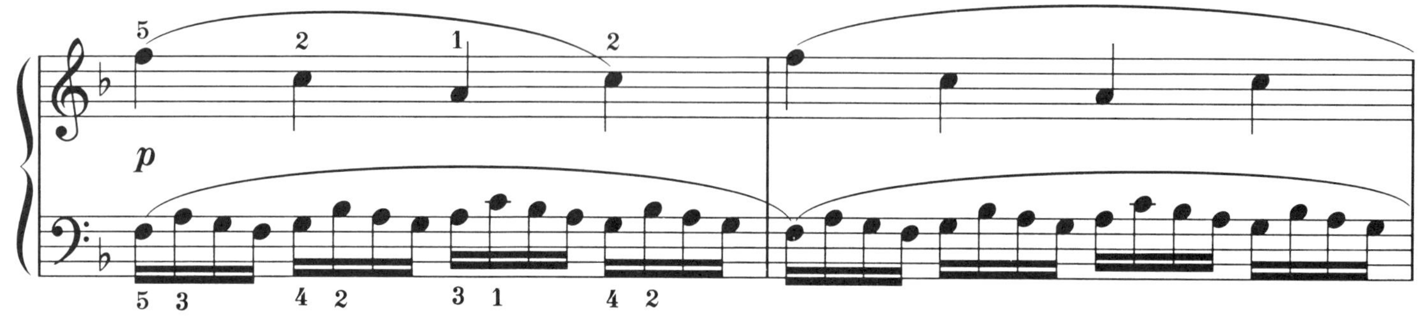

● F-Dur(F장조)의 ♭음에 주의하면서 고른 음량으로 매끄럽게 연주하자.

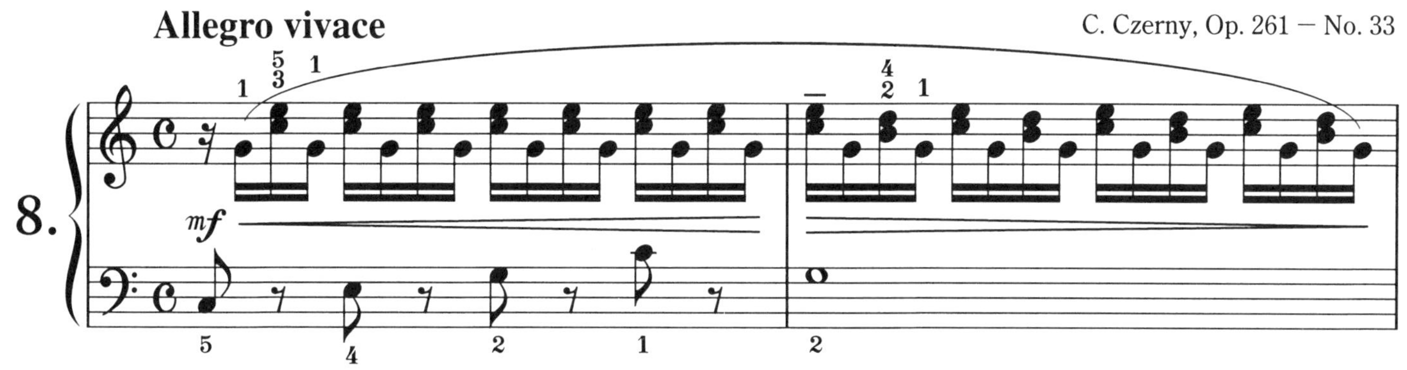

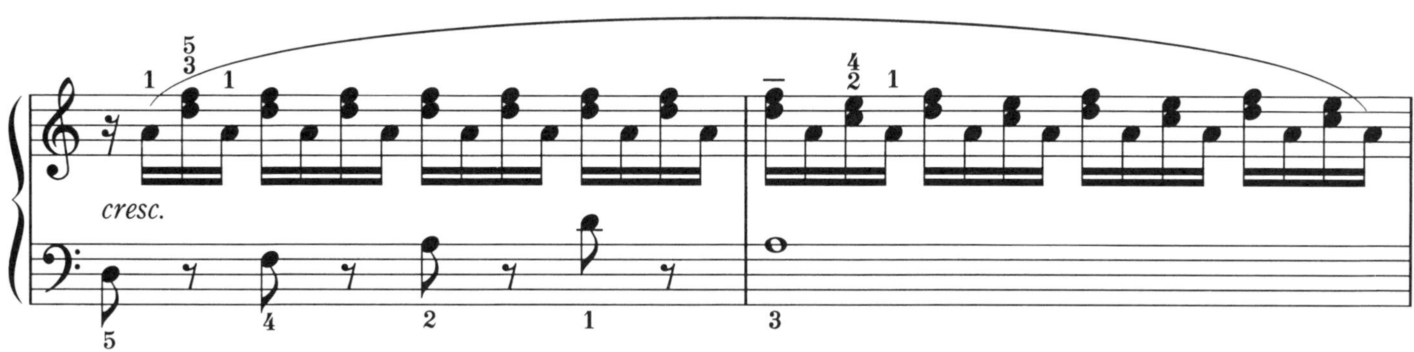

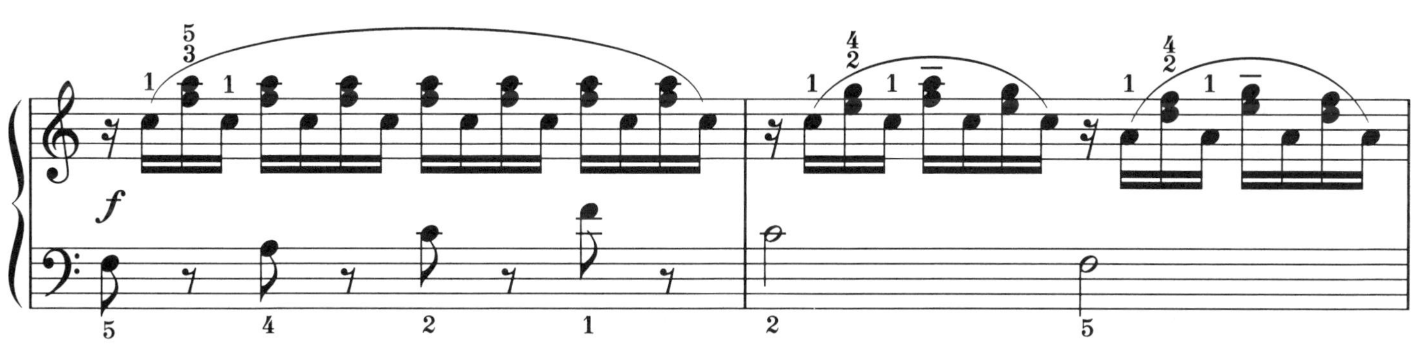

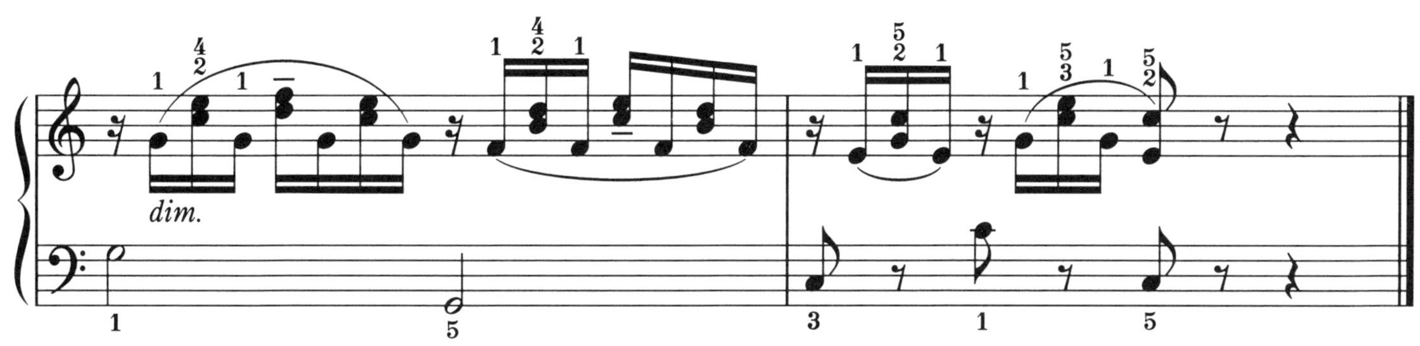

● 중음의 음량을 고르게 한다. 중음을 연주하는 2개의 손가락은 당기듯이(손끝이 아래를 향하도록) 건반 위에 올린 상태로 대기하다가 내려서 연주한다.

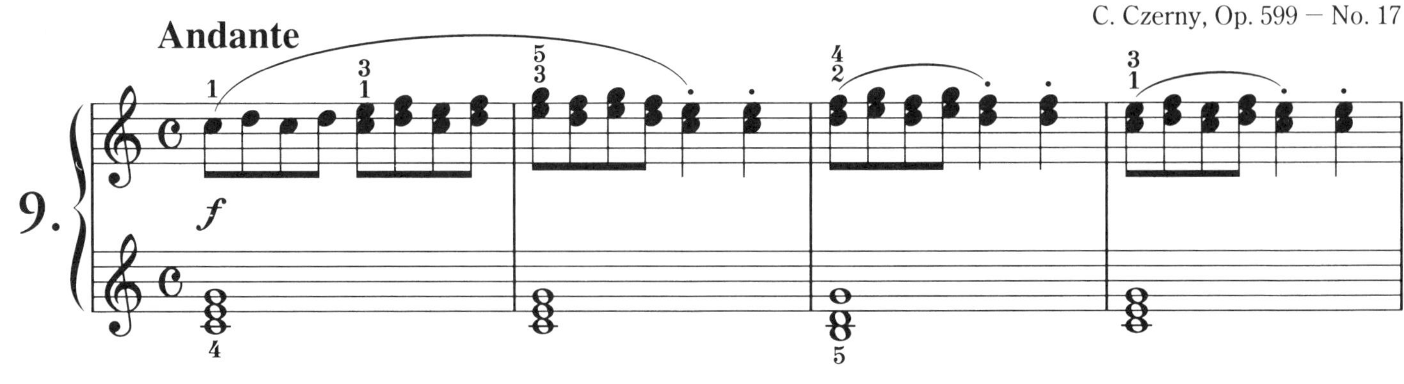

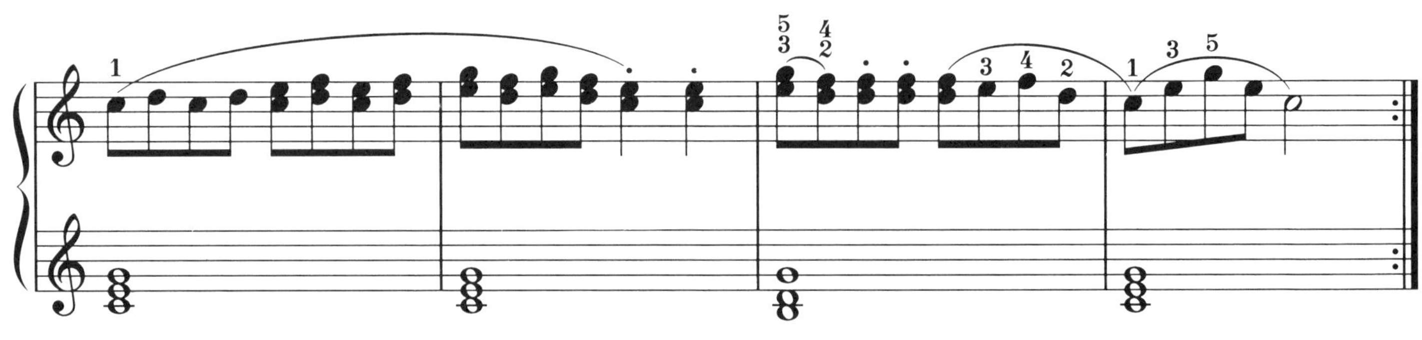

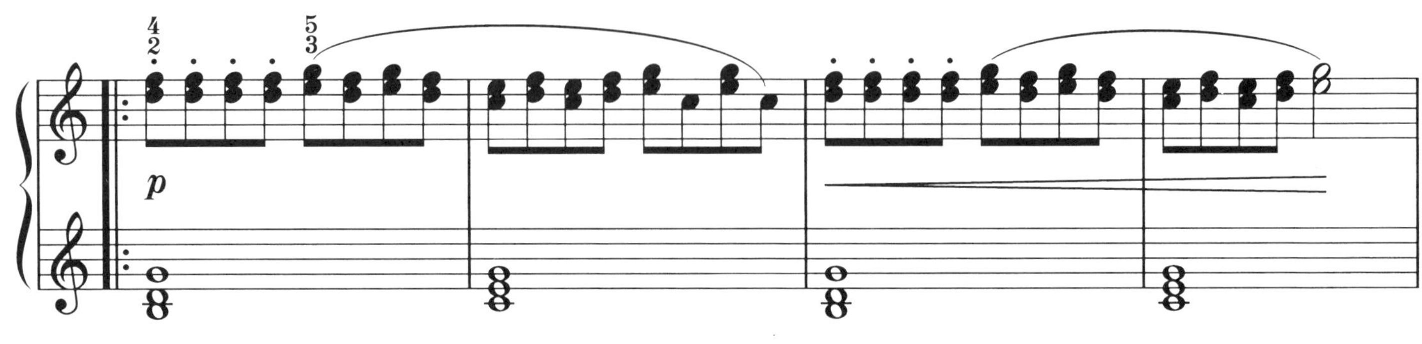

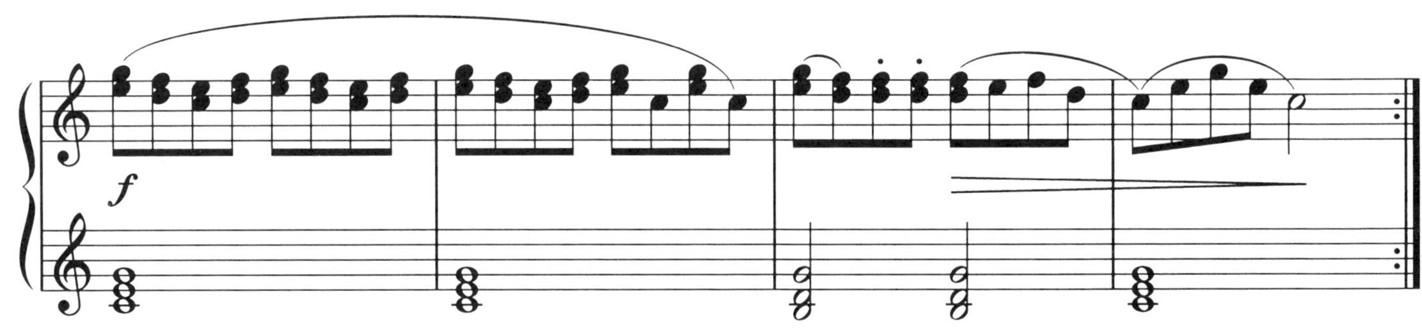

● 천천히 매끄럽게 연주한다. 중음을 연주하는 손끝이 아래를 향하도록 살짝 건반 위에 올려두면 음량이 고르게 나온다.

C. Czerny, Op. 821 — No. 4

10.

●$\frac{6}{8}$박자. *)짧은앞꾸밈음 ♪을 깔끔하고 또렷한 음으로 연주한다.

● 강약을 주면서 선율이 노래하게 한다(슬러가 끝나는 음은 힘을 빼서 부드럽게 연주한다).

*) 왼손 은 2개의 8분음 중에서 뒤의 1번 손가락, 오른손 에서는 5번 손가락의 힘을 빼고 부드럽게 연주한다.

Allegro moderato

C. Czerny, Op. 821 – No. 3

12.

● 오른손 중음을 고른 음량으로 연주한다.

13.

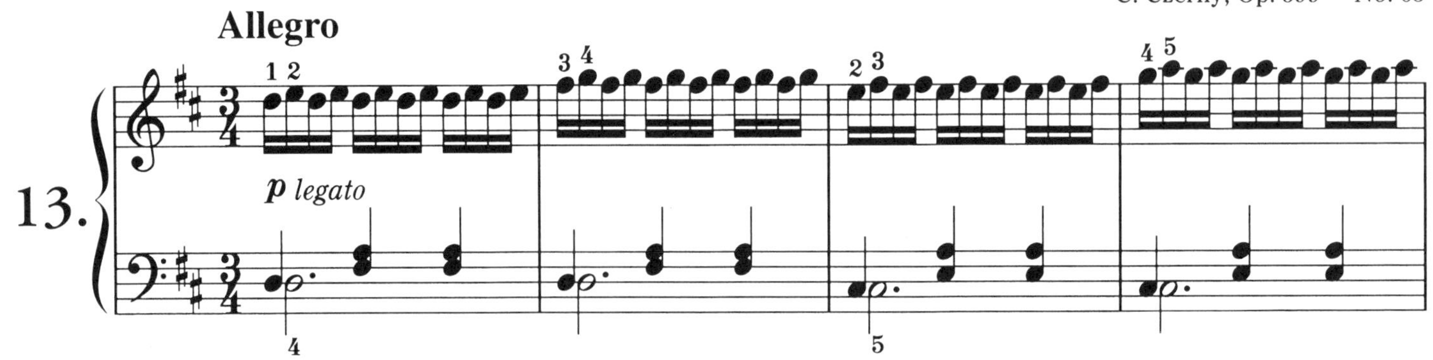

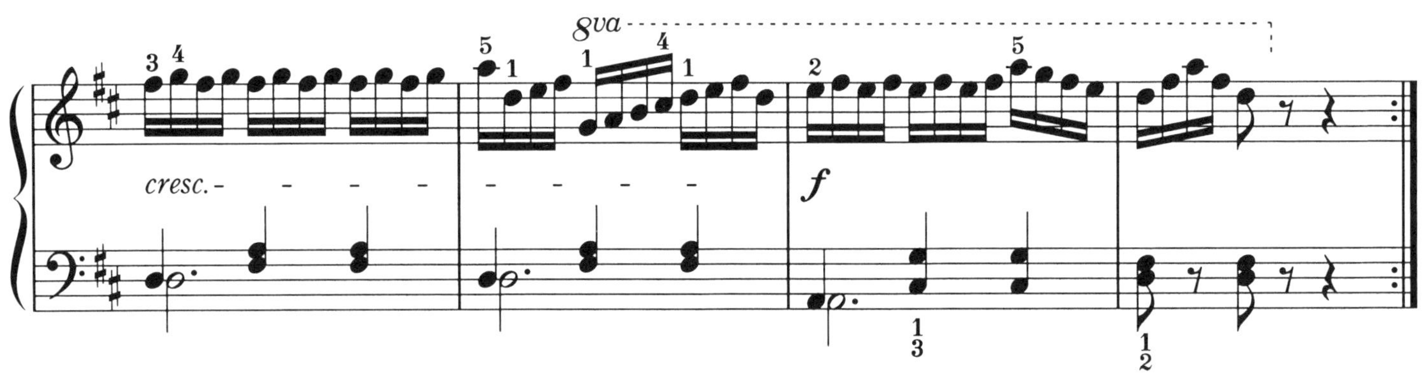

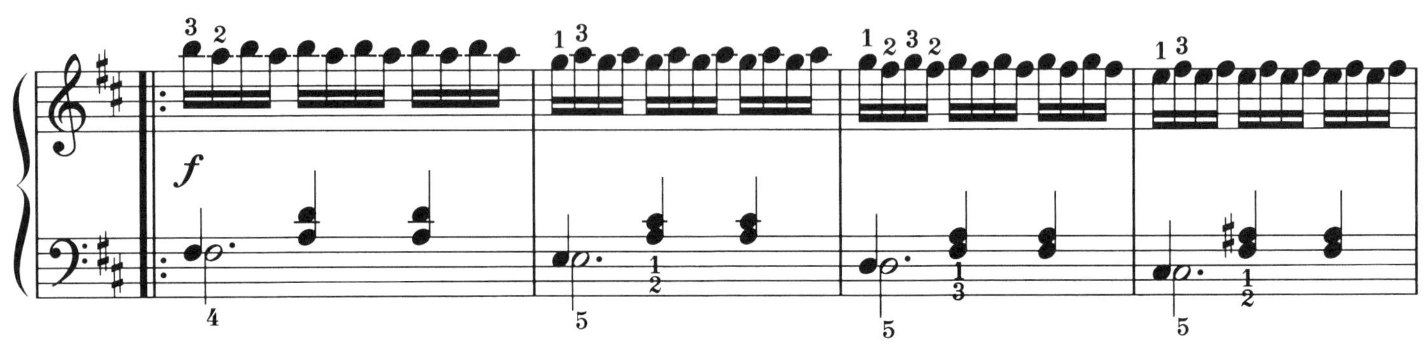

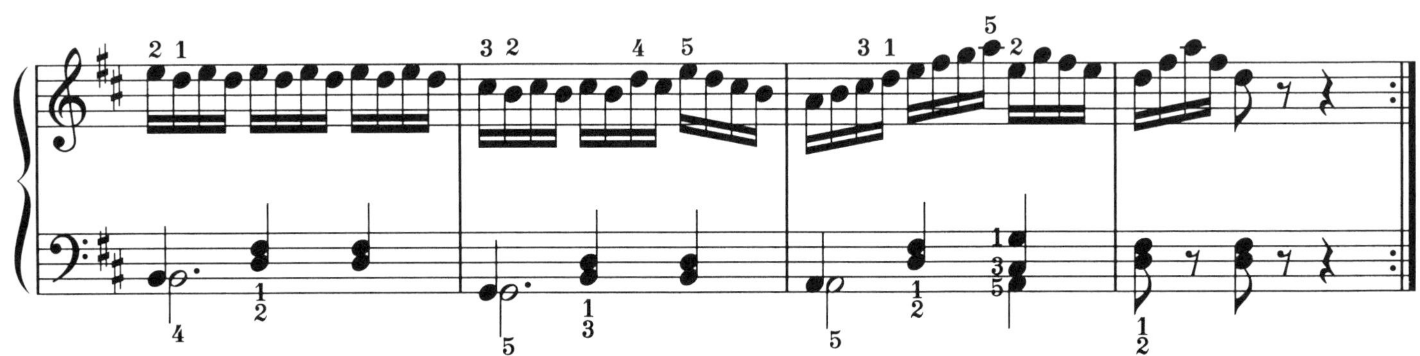

● 이웃한 손가락과의 음량을 고르게 하면서 빠르게 연주한다.

C. Czerny, Op. 261 — No. 58

● 오른손 3화음의 ▾ 스타카티시모는 고른 음량과 정확한 리듬으로 연주한다.

● ♪♫ 는 매끄럽게 연주한다. 슬러가 없는 부분은 논레가토로 연주한다.

*) 왼손 화음 은 4번 손가락에 충분히 힘을 주어 다른 음들과 음량이 고르도록 한다.

Allegro

16.

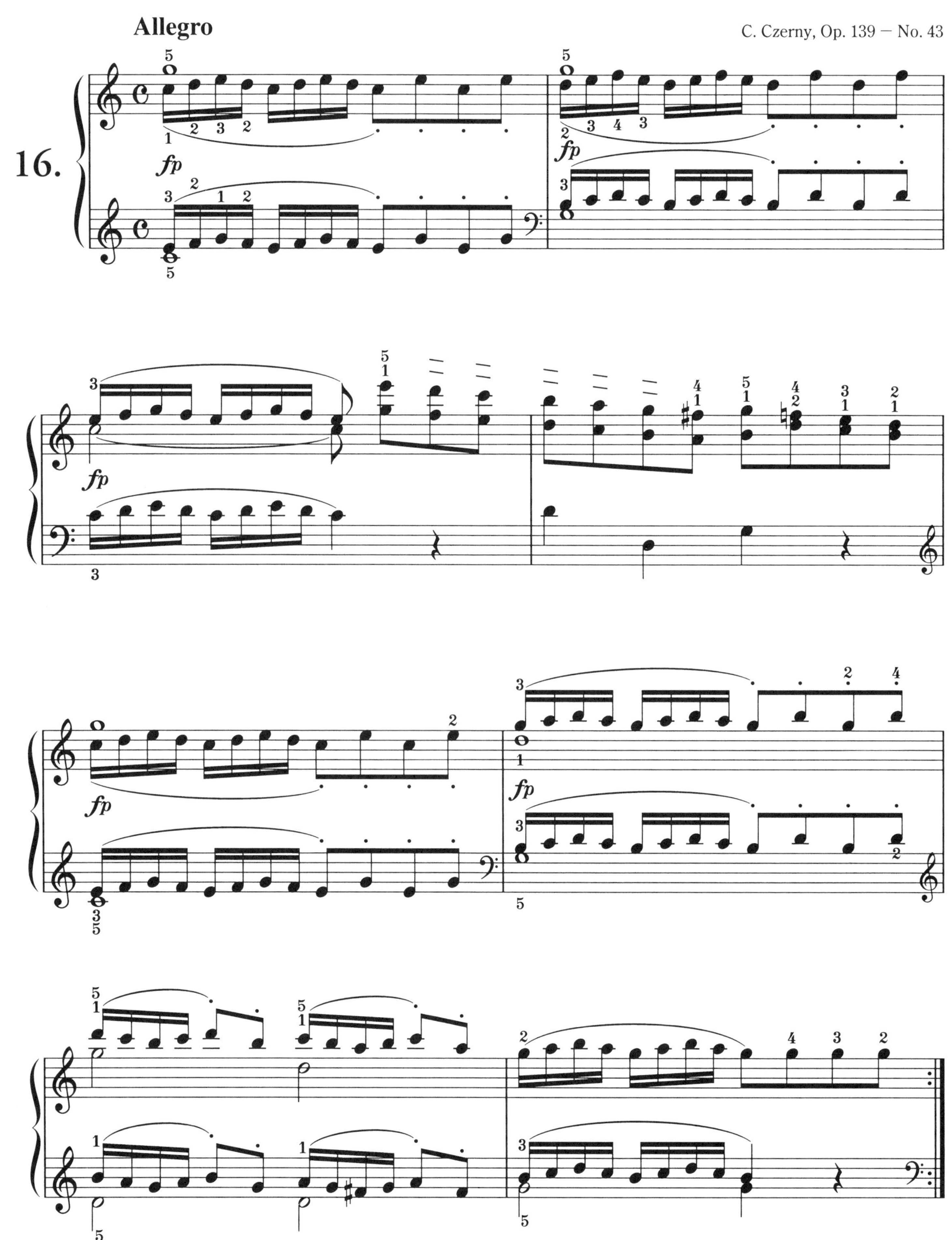

●○ 온음을 누르면서 ♪♪♪♪ 16분음과 손가락을 독립시켜 연주하는 연습이다. 레가토와 스타카토를 구분해서 연주한다.

● 타이의 리듬을 잘 살피면서 선율이 노래하도록 연주한다. 왼손 에서는 누르고 있는 손가락 과 다른 손가락을 잘 구분한다.

*) 는 손목의 힘을 빼고 부드럽게 논레가토로 연주한다.

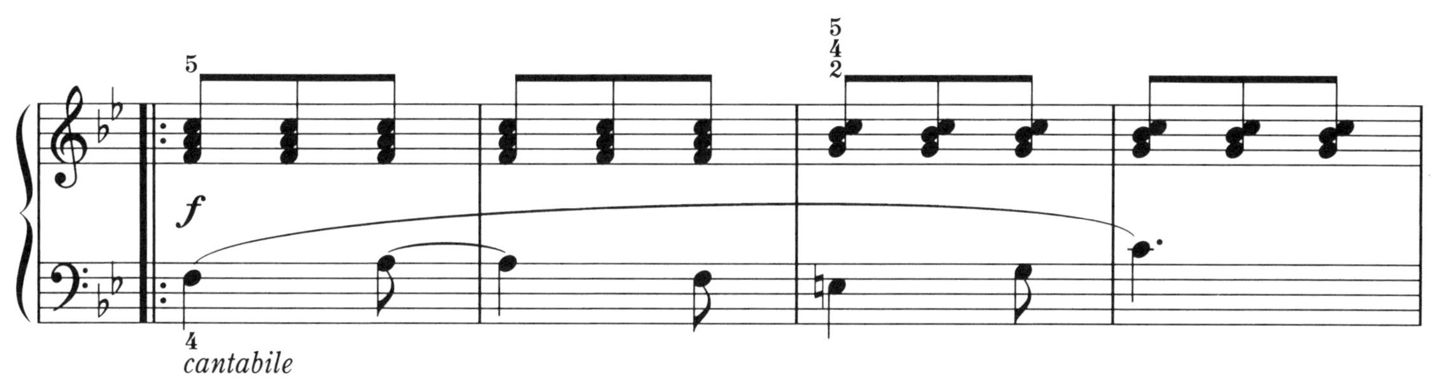

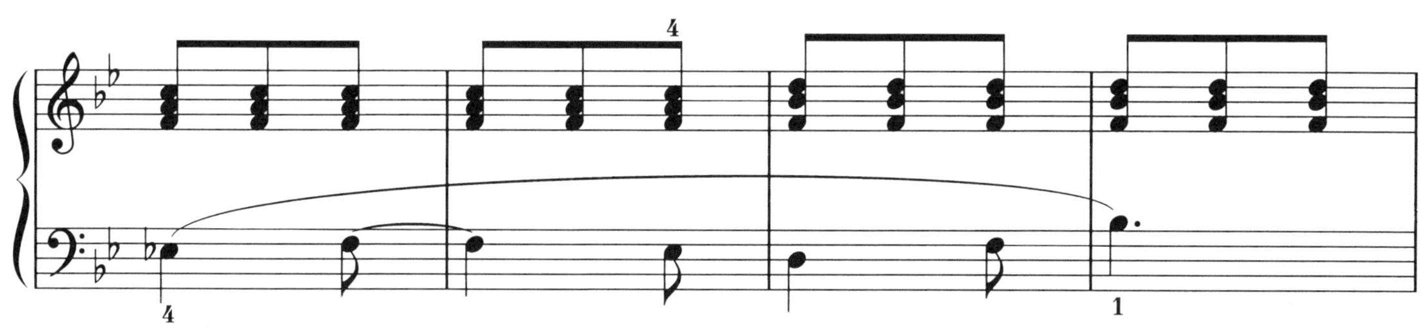

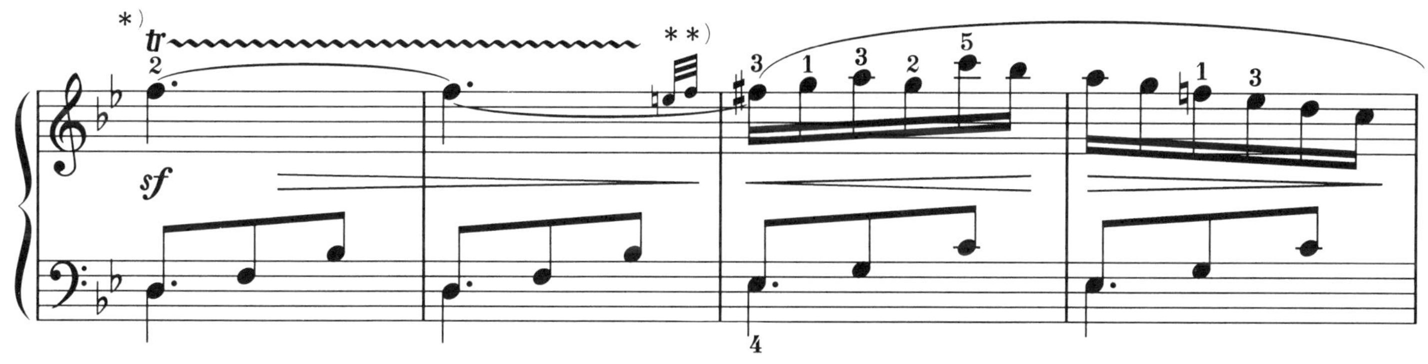

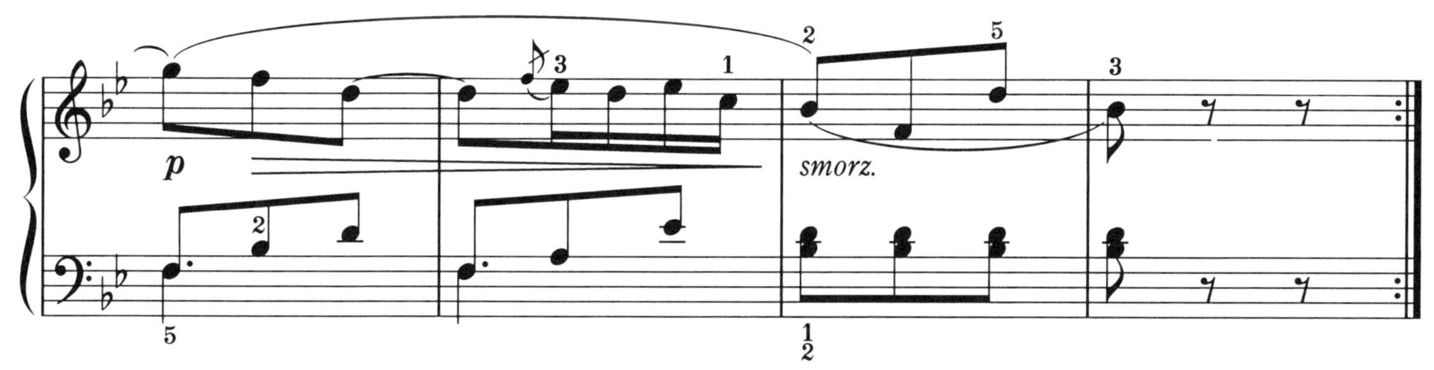

*) 트릴 *tr*〰은 최대한 짧은 간격으로 템포가 느려지지 않도록 한다.

**) 뒤꾸밈음 ♪♬는 실제로는 와 같이 연주한다.

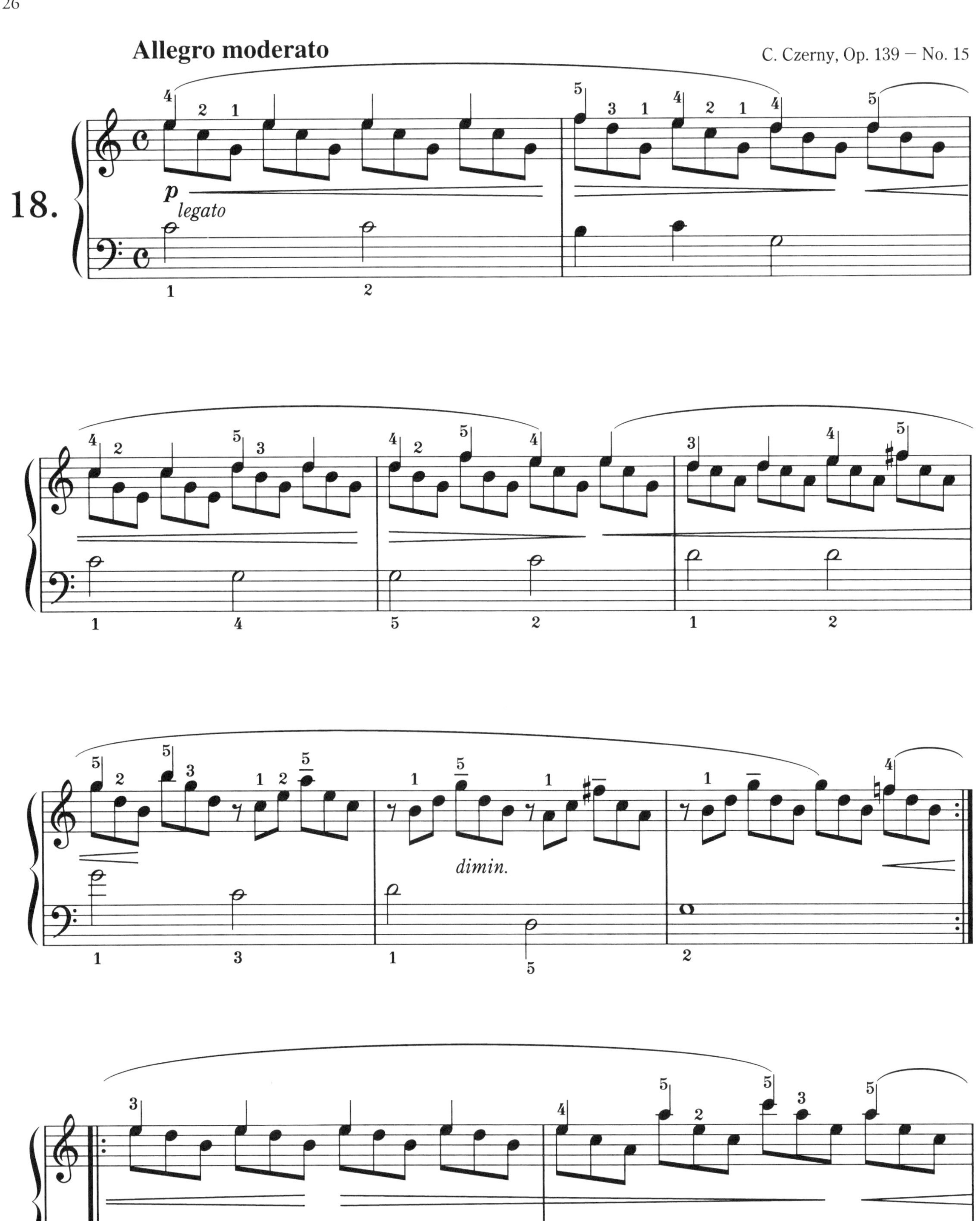

● ♩에서 ♪를 매끄럽게 연결시켜 선율이 노래하도록 연주한다. 슬러가 있는 프레이징을 잘 표현해보자.

*) 오른손에 ♪를 넣는 방식:

● 반음계는 손목을 위아래로 움직이지 않아야 한다. 흰건반 1번 손가락과 검은건반 3번 손가락을 잘 모아서 매끄럽게 연주한다.

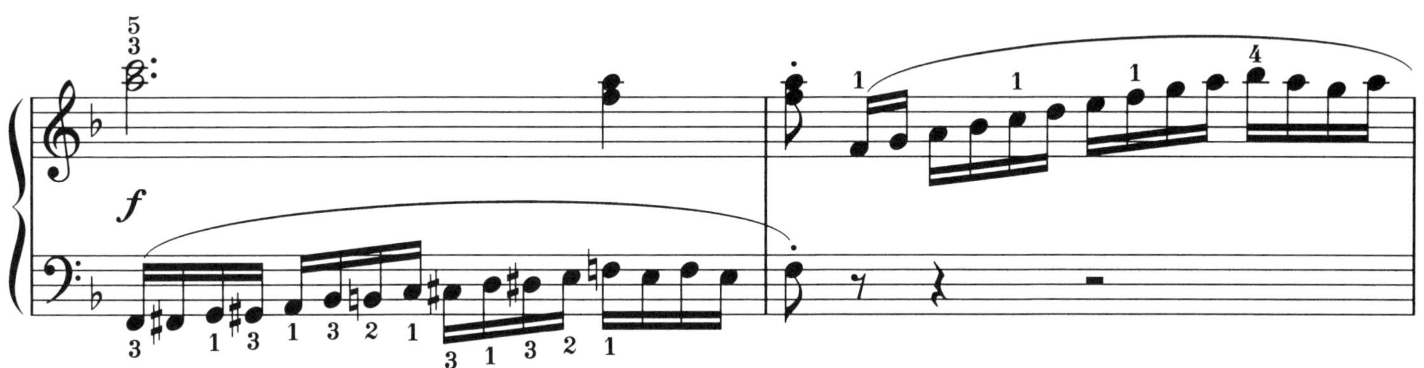

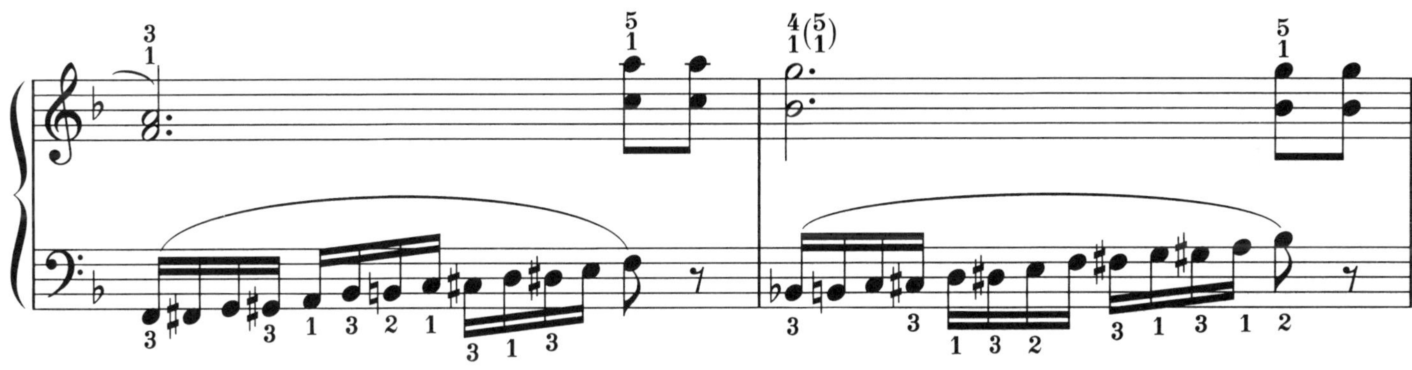

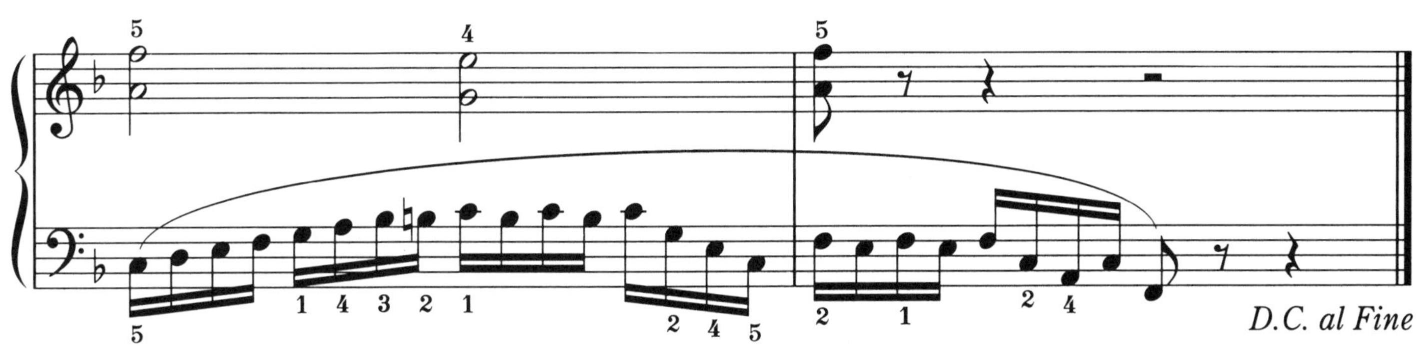
D.C. al Fine

20.

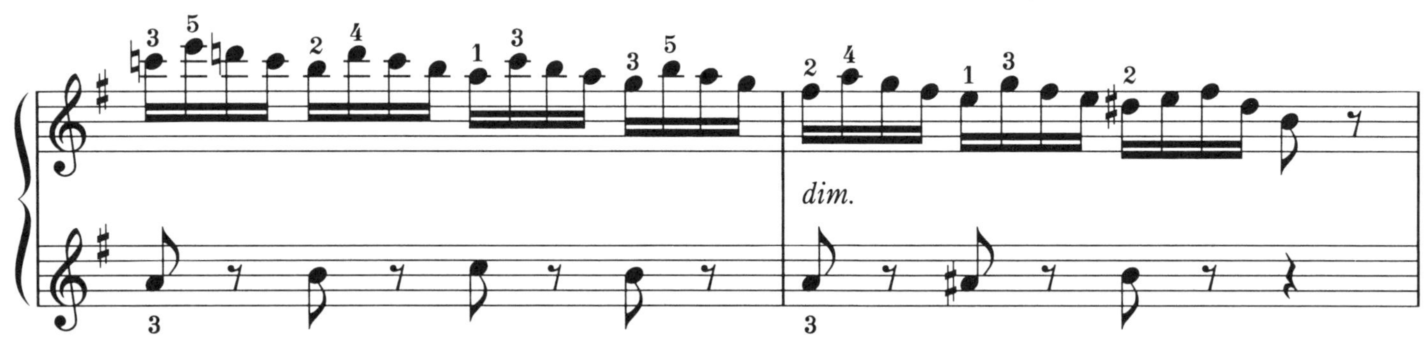

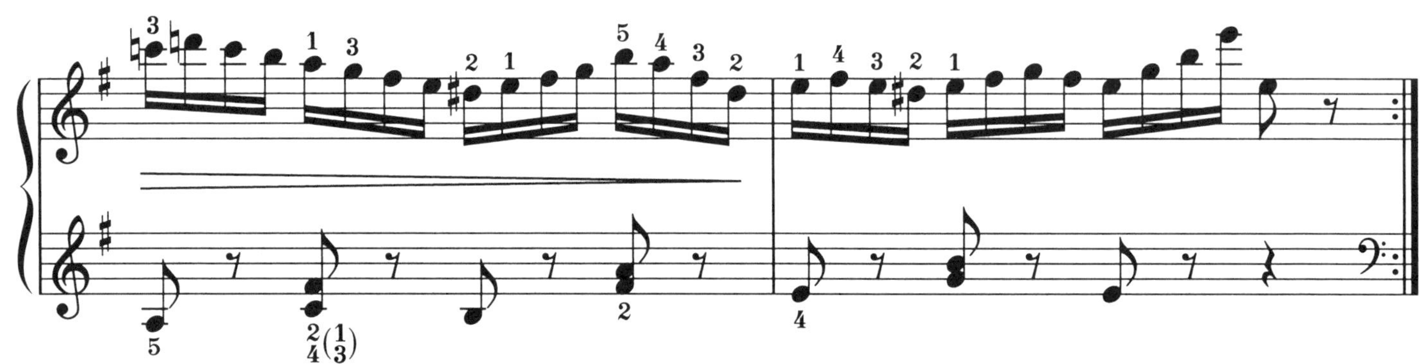

● 종합연습이다. 을 고른 음량으로 최대한 빠르게 음악적으로 연주해보자.

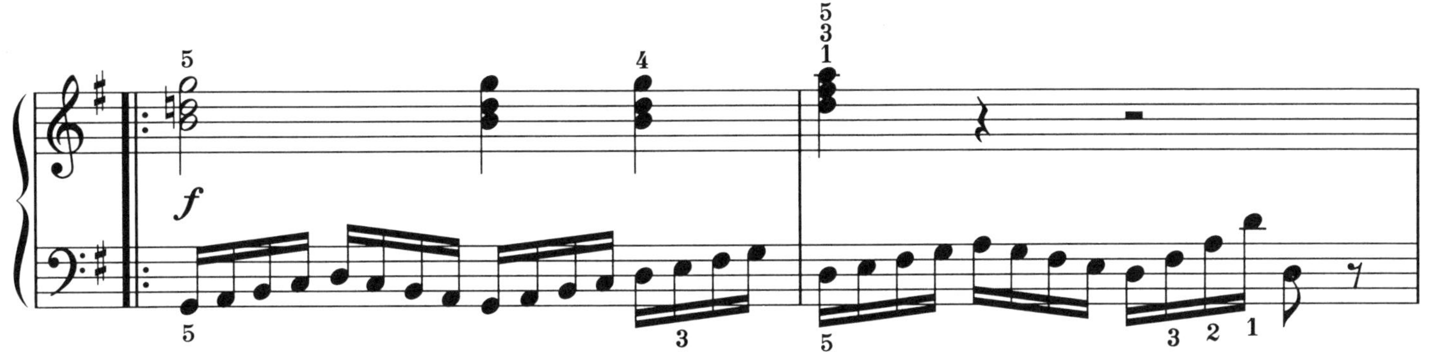

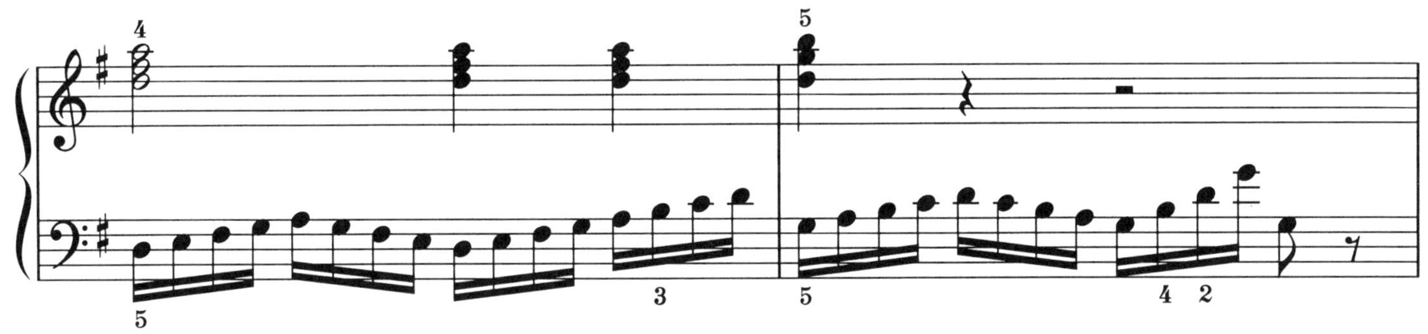

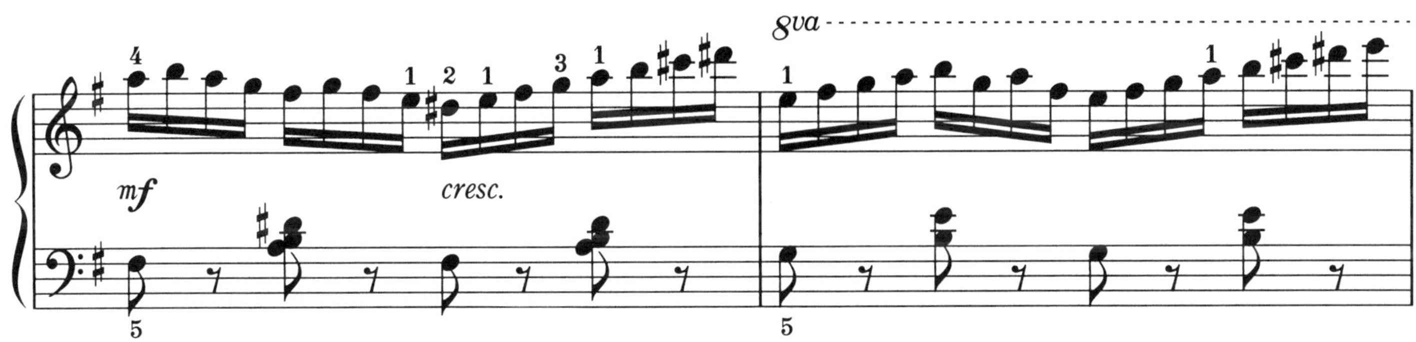

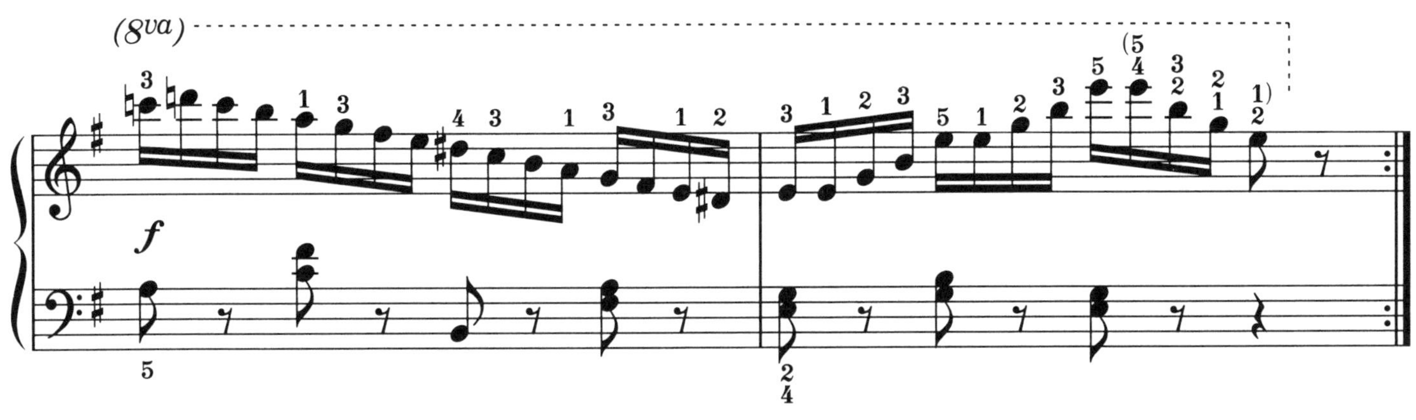

이 연습곡집에 사용된 음악용어와 기호

●속도용어

Allegretto (알레그레토) Allegro보다 느린 속도로

Allegro (알레그로) 빠르고 경쾌하게

Andante (안단테) 느리게, Moderato보다 느리게

Moderato (모데라토) 중간 정도의 속도로

Presto (프레스토) 매우 빠르게

Vivace (비바체) 활기차게, 명랑하고 빠르게

Andante→Moderato→Allegretto→Allegro→Vivace→Presto
느리다 ←→ 중간정도 ◄─────────────► 빠르다

●강약에 관한 용어

cresc. (크레셴도) crescendo의 약자, 점점 강하게, ＜

dim. (디미누엔도) diminuend의 약자, 점점 약하게, ＞

f (포르테) forte, 강하게

fp (포르테 피아노) forte piano, 세게 연주한 후에 바로 약하게

mf (메조 포르테) mezzo forte, 약간 강하게

mp (메조 피아노) mezzo piano, 약간 약하게

p (피아노) piano, 약하게

sf (스포르찬도) sforzando, 특히 강하게

smorz. (스모르찬도) smorzando의 약자, 점점 느리게, 점점 약하게 사라지듯이

●악상, 주법에 관한 용어

cantabile (칸타빌레) 노래하듯이

dolce (돌체) 부드럽게, 우아하고 아름답게

legato (레가토) 부드럽게

leggieromente (레지에로멘테) 경쾌하게, (형용사는 leggiero)

marcato (마르카토) 음 하나하나를 끊어서 또렷하게, 각인을 하듯이

(동사는 'marcare'로 '각인을 하다'라는 의미)

sempre (셈프레) 항상, 늘

Vivo (비보) 활발하게

▼ ▲ (스타카티시모) staccatissimo, 매우 짧게 음을 끊어서

• (스타카토) 음을 끊어서

(메조 스타카토) mezzo staccato, 음을 살짝 끊어서

(테누토 스타카토) 거의 mezzo staccato와 같은 느낌으로 연주한다

D.C. (다 카포) Da Capo의 약자, 곡의 처음으로 돌아간다

Fine (피네) 여기서 마친다

D.C. al Fine
(다 카포 알 피네) 곡의 처음으로 돌아가서 Fine에서 마친다

연습곡 출처

곡 번호	곡별 출처			출판사
1	125 PASSAGENÜBUNGEN 125개의 패시지 연습곡 [125 Pssagenübungen]	Op.261	#1 · #2	Peters 젠온악보출판사
2	125 PASSAGENÜBUNGEN 125개의 패시지 연습곡 [125 Pssagenübungen]	Op.261	#9 · #10	Peters 젠온악보출판사
3	125 PASSAGENÜBUNGEN 125개의 패시지 연습곡 [125 Pssagenübungen]	Op.261	#5 · #6	Peters 젠온악보출판사
4	125 PASSAGENÜBUNGEN 125개의 패시지 연습곡 [125 Pssagenübungen]	Op.261	#16	Peters 젠온악보출판사
5	ERSTER LEHRMEISTER : 100 kurze Übungen LE PREMIER MAÎTRE DU PIANO 입문자를 위한 연습곡 [Erster Lehrmeister]	Op.599	#19	Peters Durand 젠온악보출판사
6	ERSTER LEHRMEISTER : 100 kurze Übungen LE PREMIER MAÎTRE DU PIANO 입문자를 위한 연습곡 [Erster Lehrmeister]	Op.599	#15	Peters Durand 젠온악보출판사
7	125 PASSAGENÜBUNGEN 125개의 패시지 연습곡 [125 Pssagenübungen]	Op.261	#11 · #12	Peters 젠온악보출판사
8	125 PASSAGENÜBUNGEN 125개의 패시지 연습곡 [125 Pssagenübungen]	Op.261	#33	Peters 젠온악보출판사
9	ERSTER LEHRMEISTER : 100 kurze Übungen LE PREMIER MAÎTRE DU PIANO 입문자를 위한 연습곡 [Erster Lehrmeister]	Op.599	#17	Peters Durand 젠온악보출판사
10	160 ACHTTAKTIGE ÜBUNGEN 8마디 연습곡 [160 kurze Übungen]	Op.821	#4	Peters 젠온악보출판사
11	DER KLEINE KLAVIERSCHULER Band 1 THE LITTLE PIANIST(Complete) 리틀 피아니스트 (The Little Pianist)	Op.823	#38	Peters Leonard 젠온악보출판사
12	160 ACHTTAKTIGE ÜBUNGEN 8마디 연습곡 [160 kurze Übungen]	Op.821	#3	Peters 젠온악보출판사
13	ERSTER LEHRMEISTER : 100 kurze Übungen LE PREMIER MAÎTRE DU PIANO 입문자를 위한 연습곡 [Erster Lehrmeister]	Op.599	#65	Peters Durand 젠온악보출판사
14	125 PASSAGENÜBUNGEN 125개의 패시지 연습곡 [125 Pssagenübungen]	Op.261	#58	Peters 젠온악보출판사
15	100 FORSCHREITENDE ÜBUNGSSTÜCKE (ohne Oktaven) 100번 연습곡 [100 Übungsstücke]	Op.139	#19	Peters 젠온악보출판사
16	100 FORSCHREITENDE ÜBUNGSSTÜCKE (ohne Oktaven) 100번 연습곡 [100 Übungsstücke]	Op.139	#43	Peters 젠온악보출판사
17	ERSTER LEHRMEISTER : 100 kurze Übungen LE PREMIER MAÎTRE DU PIANO 입문자를 위한 연습곡 [Erster Lehrmeister]	Op.599	#79	Peters Durand 젠온악보출판사
18	100 FORSCHREITENDE ÜBUNGSSTÜCKE (ohne Oktaven) 100번 연습곡 [100 Übungsstücke]	Op.139	#15	Peters 젠온악보출판사
19	160 ACHTTAKTIGE ÜBUNGEN 8마디 연습곡 [160 kurze Übungen]	Op.821	#7 · #8	Peters 젠온악보출판사
20	100 FORSCHREITENDE ÜBUNGSSTÜCKE (ohne Oktaven) 100번 연습곡 [100 Übungsstücke]	Op.139	#100	Peters 젠온악보출판사

체르니 [원전판] 시리즈

CZERNY   KINDERÜBUNGEN
체르니   어린이를 위한 연습곡

60곡 모두 바이어와 함께 사용할 수 있다. 바이어 학습 내용과 병행(바이어 10번부터)해서 배열되어있으며 보충 내용도 충분히 들어있다. 후반부의 난이도는 바이어를 마친 이후에도 연습할 수 있다.

36P / 과정 : <바이어> 시작(10번)부터 마지막까지 병행
난이도 : ★

CZERNY   ERSTER LEHRMEISTER   Op. 599
체르니   입문자를 위한 연습곡

악보를 이해할 수 있을 정도의 연령 이상의 입문자가 효율적으로 피아노를 배우기 위한 내용. 기본적인 테크닉 습득을 위해 쉬운 조성(장조만)으로 구성. 유아에게는 선생님의 적절한 배려가 필요하다.

68P / 과정 : 입문자용, <바이어> 과정
난이도 : ★★

CZERNY   THE LITTLE PIANIST   Op. 823
체르니   리틀 피아니스트

풍부한 음악성과 뛰어난 테크닉을 길러주고, 아름다운 연주음을 내기 위한 교본. 운지에 독특한 아이디어가 담겨있다. <바이어>를 마친 후의 과정 또는 <소나티네>를 시작하는 학생의 부교재로 좋다.

64P / 과정 : <바이어> 이후, <소나티네> 부교재
난이도 : ★★

CZERNY   6 LEICHTE SONATINEN   Op. 163 / 2 SONATINEN   Op. 49
체르니   소나티네 앨범

소나티네의 구성과 형식을 명료하게 파악할 수 있다. 빈 초기판을 바탕으로 다이내믹과 아티큘레이션이 추가된 한스 칸의 교정. 모차르트, 베토벤 작품으로 들어가는 디딤판으로 사용할 수 있다.

76P / 과정 : <소나티네> 과정
난이도 : ★★

CZERNY   100 ÜBUNGSSTÜCKE   Op. 139
체르니   100번 연습곡

<바이어>를 연습하면서 테크닉을 다듬기에 좋은 내용이다. <체르니 110번>과 마찬가지로 어린이는 물론 어른에게도 좋은 교재다. 초급부터 더욱 높은 테크닉까지 종합적으로 배울 수 있는 연습곡집.

88P / 과정: <체르니 100번 연습곡>
난이도 : ★★

CZERNY   25 ÜBUNGEN FÜR KLEINE HÄNDE   Op. 748
체르니   작은 손을 위한 25개의 연습곡

꾸밈음과 4성체 진행, 다양한 테크닉을 배울 수 있는 코랄곡 등 실전적인 연습곡집. 아름다운 선율이 특징적이며 음악적인 배려도 충분히 담고 있다. 손이 작은 어린이가 자연스럽게 손가락을 단련시킬 수 있다.

56P / 과정 : <바이어> 이후, <체르니 30번 연습곡> 전에
난이도 : ★★★

CZERNY   20 PREPARATORY STUDIES TO "STUDIES OF MECHANISM,   Op. 849"
체르니   20개의 쉬운 연습곡
<체르니 30번 연습곡> 전에

체르니의 700곡에 달하는 방대한 에튀드 중에서 이 단계에서 필요한 20곡만을 엄선. 쉬운 곡부터 차례대로 진행할 수 있도록 배열되어 <체르니 30번 연습곡>으로 자연스럽게 넘어갈 수 있다.

36P / 난이도 : <체르니 30번 연습곡> 전에
난이도 : ★★

CZERNY   160 KURZE ÜBUNGEN   Op. 821
체르니   8마디 연습곡

160개의 8마디로 이루어진 연습곡집. 짧은 길이에 중요한 요소가 집약(왼손 연습도 풍푸하게 포함)되어있어 훌륭한 연습효과를 낼 수 있다. 쉬운 난이도부터 배열되었으며, 자연스럽게 음악이론도 익힐 수 있다.

84P / 과정 : <체르니 30번 연습곡> 병행
난이도 : ★★★

CZERNY   ETUDES DE MÉCANISME   Op. 849
체르니   30번 연습곡

<바이어> 교본 다음 단계로 사용되는 경우가 많다. 이 연습곡집은 피아노 연주에 필요한 기본적인 테크닉을 완전히 익힐 수 있게 해준다. 피아노 학습자에게 필수적이면서도 일반적인 연습곡집이다.

72P / 과정 : <체르니 30번 연습곡>
난이도 : ★★★

CZERNY   DIE SCHULE DER GELÄUFIGKEIT   Op. 299
체르니   40번 연습곡

<체르니 30번 연습곡>에서 배운 연주 테크닉에 막힘없이 손동작을 더하기 위한 연습곡집. '숙련과정'이라고 되어있는 이 연습곡집은 폭넓은 기술을 배우고 안정된 연주속도를 익힐 수 있게 해준다.

116P / 과정 : <체르니 40번 연습곡>
난이도 : ★★★★

CZERNY   KUNST DER FINGERFERTIGKEIT   Op. 740(699)
체르니   50번 연습곡

'손가락을 숙련시키기 위한 테크닉'이라는 제목이 붙은 고도의 에튀드로 40번 다음에 사용한다. 이 연습곡집을 통해 피아노 학습자는 난이도 높은 작품 연주에 필요한 테크닉을 익힐 수 있다.

196P / 과정 : <체르니 50번 연습곡>
난이도 : ★★★★★

체르니   20개의 쉬운 연습곡

초판발행   2025년 7월 1일

지 은 이   젠온악보출판사 편집부
펴 낸 이   하성훈
펴 낸 곳   서울음악출판사
주   소   서울 서초구 반포대로22길 85 에덴빌딩 3층
영 업 부   02-587-5157
등록일자   2001년 4월 23일
등록번호   제2001-000299호
홈페이지   www.seoul-music.co.kr

© 2025, 서울음악출판사
© 2000 by Zen-On Music Co., Ltd., Tokyo.

값 8,000원
ISBN 979-11-6750-143-1

※ 이 책의 무단 전제와 복제를 금합니다.
※ 잘못 만들어진 책은 구입처에서 교환해드립니다.